MINISTÈRE DE LA GUERRE.

INSTRUCTION PROVISOIRE

SUR

LE SERVICE DE L'ARTILLERIE

EN CAMPAGNE.

APPROUVÉE PAR LE MINISTRE DE LA GUERRE

LE 20 AVRIL 1876.

PARIS.

IMPRIMERIE NATIONALE.

1879.

INSTRUCTION PROVISOIRE

SUR

LE SERVICE DE L'ARTILLERIE

EN CAMPAGNE.

MINISTÈRE DE LA GUERRE.

INSTRUCTION PROVISOIRE

SUR

LE SERVICE DE L'ARTILLERIE

EN CAMPAGNE.

APPROUVÉE PAR LE MINISTRE DE LA GUERRE

LE 10 AVRIL 1875.

PARIS.

IMPRIMERIE NATIONALE.

1879.

AVANT-PROPOS.

Les perfectionnements successifs qui, depuis une vingtaine d'années, ont été apportés à l'armement des troupes, ont modifié considérablement les conditions de la tactique; elle demeure toujours basée sur la combinaison des trois armes : infanterie, cavalerie, artillerie; mais ce qui la caractérise aujourd'hui, c'est, d'une part, l'adoption de l'ordre dispersé et profond à la fois, comme formation unique de combat pour l'infanterie, et, d'autre part, le grand nombre des bouches à feu qui entrent dans la composition des armées.

Les qualités distinctives de l'artillerie actuelle sont : 1° l'étendue de ses portées; 2° la justesse de son tir; 3° la puissance de ses effets; 4° la mobilité de son matériel.

C'est de ces propriétés que l'on doit déduire la manière d'employer l'artillerie sur les champs de bataille pour en tirer le meilleur parti dans l'ensemble des opérations.

La portée des canons étant de beaucoup supérieure à celle des armes portatives, l'artillerie doit être engagée dès le début de tout combat sérieux. La justesse de son tir lui permet d'obtenir des résultats importants malgré l'éloignement où elle se trouve alors de l'ennemi.

Les batteries de campagne ne pourront être employées dans ces conditions que si elles se trouvent placées, dans les dispositifs de marche, à proximité des premières troupes destinées à entamer l'action.

L'artillerie, par la puissance d'effet de ses bouches à feu, est désignée naturellement pour briser les résistances énergiques et préparer l'acte décisif dont l'exécution est réservée aux autres armes. Cette puissance n'acquiert sa valeur réelle que par la concentration des feux sur des points convenablement choisis : il faudra donc, en général, employer l'artillerie par grandes masses.

Les batteries de campagne peuvent, grâce à leur mobilité, occuper successivement différents points du champ de bataille : aussi l'artillerie prend-elle part aux phases successives du combat.

Ces principes étant admis, il y a lieu de les appliquer à notre organisation militaire actuelle, dont les éléments constitutifs sont : 1° le corps d'armée composé de deux divisions d'infanterie; 2° la division de cavalerie indépendante.

Tel est l'objet de la nouvelle instruction. Elle est destinée à remplacer la *Note sur le service de l'artillerie en campagne*, qui forme le chapitre XIV de l'aide-mémoire portatif de campagne à l'usage des officiers d'artillerie, publié en 1864; elle contient, en outre, diverses prescriptions relatives au service dans les marches, extraites, pour la plupart, du chapitre XI du même aide-mémoire.

L'instruction provisoire sur le service de l'artillerie en campagne comprend quatre chapitres :

Chapitre Ier. — *Renseignements généraux*.

Chapitre II. — *Service dans les marches*.

Chapitre III. — *Service sur le champ de bataille*.

Chapitre IV. — *Emploi de l'artillerie avec les autres armes*.

Le chapitre Ier donne la nomenclature des divers services dont l'artillerie est chargée aux armées. Parmi ces services figure celui des ponts mobiles; mais la présente instruction ne concerne que l'emploi des bouches à feu.

Le même chapitre contient des renseignements sur la composition de l'artillerie d'un corps d'armée et traite des relations que les commandants de l'artillerie doivent avoir, soit entre eux, soit avec les commandants des troupes des autres armes.

Le chapitre II définit les dispositifs de marche des divers éléments de l'artillerie : batteries, sections de munitions, sections de parc.

Pour les cantonnements, camps et bivouacs, on a dû renvoyer aux instructions spéciales qui seront formulées dans la nouvelle ordonnance sur le service des armées en campagne.

Le chapitre III renferme les règles tactiques propres à l'artillerie.

Le chapitre IV expose le rôle que jouent, sur les champs de bataille, les groupes constitués de batteries : artillerie divisionnaire, artillerie de corps, batteries à cheval des divisions de cavalerie.

INSTRUCTION PROVISOIRE

SUR

LE SERVICE DE L'ARTILLERIE

EN CAMPAGNE.

———

CHAPITRE Ier.

Renseignements généraux.

———

ARTICLE PREMIER.

Services divers de l'artillerie en campagne.

Le corps de l'artillerie aux armées en campagne
est chargé :

1° Du service général de toutes les bouches à feu ;

2° De l'approvisionnement de l'armée en armes et
munitions de guerre ;

3° De la construction et de l'établissement des
ponts mobiles ou des passages en bateau [1].

———

[1] Cette partie du service de l'artillerie en campagne
n'a pas été traitée dans la présente instruction, qui se
rapporte spécialement à l'emploi des bouches à feu.

ARTICLE 2.

Composition de l'artillerie d'un corps d'armée.

L'artillerie d'un corps d'armée comprend : 17 batteries de campagne (14 montées, 3 à cheval), 4 sections de munitions d'artillerie, 2 sections de munitions d'infanterie, 1 parc d'artillerie de corps d'armée, sous le commandement d'un général de brigade [1] ayant à sa disposition : 1 chef d'escadron, chef d'état-major; 1 capitaine aide de camp; 2 capitaines en second adjoints et un garde d'artillerie.

Chaque batterie (montée ou à cheval) comprend 15 voitures : 6 pièces, 6 caissons, 1 forge pour le matériel et le ferrage, 1 chariot de batterie, 1 chariot-fourragère. Toutes ces voitures sont attelées à 6 chevaux, quel que soit le calibre des pièces de la batterie.

Une batterie est commandée par un capitaine en premier ayant sous ses ordres 2 lieutenants ou sous-lieutenants au titre régulier, et 1 lieutenant ou sous-lieutenant de réserve.

Les sections de munitions sont destinées à tenir à proximité du corps d'armée un premier approvisionnement.

Elles sont numérotées de 1 à 6; chacune d'elles est commandée par un capitaine en second ayant

---

[1] Dans une armée composée de plusieurs corps d'armée, l'artillerie de l'armée est commandée par un général de division.

sous ses ordres 2 lieutenants ou sous-lieutenants de réserve.

Les sections de munitions d'artillerie sont numérotées 1, 3, 5, 6 ; toutes leurs voitures sont attelées à 6 chevaux.

Les sections 1, 3, 5 ont chacune 31 voitures : 4 affûts de rechange, 24 caissons de munitions, 1 forge pour le matériel et le ferrage, 1 chariot de batterie et 1 chariot-fourragère.

La section n° 6 [1] a 1 affût de rechange en plus.

Les sections de munitions d'infanterie sont numérotées 2 et 4. Chacune d'elles à 30 voitures : 27 caissons d'infanterie (modèle 1858) à 4 chevaux [2] ; 1 chariot de batterie (modèle 1858) à 4 chevaux ; 1 chariot-fourragère à 6 chevaux ; 1 forge (modèle 1858) à 4 chevaux.

Les batteries de campagne et sections de munitions d'un corps d'armée sont divisées en trois groupes :

1° Artillerie de la 1re division [3] ;

2° Artillerie de la 2e division [3] ;

---

[1] Dans les corps d'armée qui ont des batteries de canons à balles, la section n° 6 n'a que 24 voitures au lieu de 32 (16 caissons au lieu de 24).

[2] Indépendamment de ces caissons, une voiture attelée par les soins de l'infanterie et renfermant un premier approvisionnement de cartouches accompagne chaque bataillon.

[3] Le personnel est fourni par le premier régiment de la brigade d'artillerie du corps d'armée ou régiment divisionnaire.

3° Artillerie de corps [1].

L'artillerie de la 1ʳᵉ division comprend actuellement :

4 batteries montées de canons de 7,

1 section de munitions d'artillerie (n° 1),

1 section de munitions d'infanterie (n° 2),

sous le commandement d'un colonel ayant pour adjoint un capitaine en second.

Les 4 batteries sont commandées par un chef d'escadron, auquel est adjoint un officier de réserve.

L'artillerie de la 2ᵉ division est composée comme celle de la 1ʳᵉ. Les sections de munitions d'artillerie et d'infanterie sont numérotées respectivement 3 et 4.

Le commandement est exercé par un lieutenant-colonel.

L'artillerie de corps comprend actuellement :

6 batteries montées (2 de canons de $95^m/_m$, 2 de canons de 5, 2 de canons de 5 ou de canons à balles) ; — 3 batteries à cheval [2] (de canons de 5) ; — 2 sections de munitions d'artillerie (nᵒˢ 5 et 6).

Le commandement de l'artillerie de corps est exercé par un colonel ayant pour adjoint un capitaine en second.

Les batteries sont décomposées en 3 groupes,

---

[1] Le personnel est fourni par le deuxième régiment de la brigade d'artillerie ou régiment de corps.

[2] L'une de ces batteries est parfois détachée dans une division de cavalerie indépendante.

commandés chacun par un chef d'escadron, auquel est adjoint un officier de réserve.

Le parc d'artillerie du corps d'armée porte un deuxième approvisionnement en munitions d'artillerie et d'infanterie, ainsi que les rechanges et objets nécessaires pour les réparations du matériel de l'artillerie et des équipages militaires.

Le nombre de ces voitures peut varier de 153 à 175, selon qu'il y a ou non des canons à balles dans le corps d'armée, et que les troupes ont des armes portatives modèle 1866 ou modèle 1874.

Les voitures qui entrent dans la composition du parc sont attelées, les unes à 6 chevaux, les autres à 4 chevaux. Ce sont des affûts de rechange, des caissons de munitions d'artillerie, des caissons de munitions d'infanterie, des caissons de munitions pour revolver, des forges pour le matériel et le ferrage, des chariots de parc, des chariots-fourragères.

Le parc est divisé en 4 sections de 39 à 47 voitures.

Le personnel nécessaire pour l'atteler est fourni par le train d'artillerie de la brigade; ce personnel se compose de 4 compagnies dédoublées; le cadre de chacune de ces compagnies comporte un capitaine et 2 lieutenants ou sous-lieutenants, dont un de réserve. Chaque compagnie attelle toujours la même fraction du parc.

Le service du parc comprend, en outre:

1° Une section à pied commandée par un capitaine en second, assisté d'un sous-lieutenant de réserve;

2° Un détachement d'ouvriers d'artillerie de 100 hommes, commandé par un officier;

3° Un détachement de 15 artificiers, commandé par un sous-officier ou par un brigadier.

Le parc a pour directeur un officier supérieur d'artillerie [1], qui a sous ses ordres :

1 officier supérieur du train d'artillerie, 2 capitaines d'artillerie, 5 gardes, 1 contrôleur d'armes, 2 ouvriers d'État.

Nota. Lorsque les divisions de cavalerie sont constituées, on attache à chacune d'elles 3 batteries à cheval empruntées à l'artillerie des corps d'armée ; ces trois batteries sont placées sous le commandement d'un chef d'escadron, auquel est adjoint un officier de réserve.

Chacune de ces batteries emmène, en outre de ses 15 voitures, 1 caisson de cartouches (modèle 1866 ou modèle 1874). — De plus, une des trois batteries emmène 1 chariot contenant de la dynamite et les accessoires nécessaires à son emploi.

ARTICLE 3.

Relations des officiers d'artillerie avec les commandants des troupes.

Le général commandant l'artillerie d'une armée étend son action sur tout le service de l'artillerie de cette armée. Il accompagne habituellement le général en chef pour recevoir ses ordres et lui soumettre toutes les observations qu'il juge utiles au bien du service. Il reçoit communication des plans de campagne, et prend toutes les dispositions nécessaires pour en assurer le succès. Il est respon-

---

[1] Directeur de l'école d'artillerie de la brigade.

sable de l'approvisionnement de l'armée en matériel et munitions de guerre. Il donne seul des ordres
aux troupes d'artillerie qui ne font pas partie des
corps d'armée, pour l'exécution des dispositions
arrêtées par le commandant en chef.

Les généraux commandant l'artillerie des corps
d'armée remplissent dans leur sphère les mêmes
fonctions près des commandants de corps.

Ils donnent seuls des ordres aux batteries de
l'artillerie de corps et aux parcs de corps d'armée,
pour l'exécution des dispositions arrêtées par les
commandants de corps.

Les colonels ou lieutenants-colonels commandant
l'artillerie des divisions marchent ordinairement
avec le général sous les ordres duquel ils sont placés. Il est essentiel qu'ils connaissent d'avance les
dispositions d'attaque et de défense, les positions à
occuper, le but qu'on se propose, etc. Après avoir
reconnu le terrain, ils présentent au besoin leurs
observations et soumettent à qui de droit les mesures qu'ils jugent propres à assurer à l'artillerie
toute son efficacité.

Le colonel ou le lieutenant-colonel manquant
est remplacé par le chef d'escadron commandant les
batteries de la division, qui est lui-même remplacé
dans son commandement par le plus ancien des
capitaines commandant les batteries de cette division.

En principe, tout commandant de l'artillerie
affectée à une troupe accompagne habituellement le
commandant de cette troupe et remplit, auprès de
lui, les mêmes fonctions que les colonels ou lieu-

tenants-colonels des batteries divisionnaires auprès du général de division.

Les commandants de l'artillerie des deux divisions d'un même corps d'armée sont indépendants l'un de l'autre pour tout ce qui concerne le service, la police et la discipline. Ils ne relèvent à cet égard que du général sous les ordres duquel ils sont placés. Ils établissent en deux expéditions les propositions qu'ils croient devoir faire pour l'avancement aux différents grades d'officier ou pour les décorations. L'une de ces expéditions est remise au général commandant la division, l'autre au général commandant l'artillerie du corps d'armée.

C'est à ce dernier qu'ils s'adressent pour tout ce qui concerne le matériel et les approvisionnements.

Le commandant de l'artillerie de corps et le directeur du parc ne relèvent que du général commandant l'artillerie du corps d'armée. Ils lui soumettent les propositions et demandes de toute nature concernant, soit le personnel, soit le matériel.

Les généraux commandant l'artillerie des différents corps établissent les propositions et demandes relatives au personnel, en deux expéditions : l'une pour le général commandant le corps, l'autre pour le général commandant l'artillerie de l'armée. C'est à ce dernier qu'ils s'adressent pour tout ce qui concerne le matériel et les approvisionnements.

Les officiers d'artillerie ne doivent communiquer la situation de leurs munitions qu'aux officiers généraux ou supérieurs de leur arme, ainsi qu'à leur commandant supérieur ou à son chef d'état-major.

CHAPITRE II.

Service dans les marches.

ARTICLE PREMIER.

Ordre de marche des batteries de campagne, sections de munitions et parcs d'artillerie.

L'artillerie marche par unité constituée (batterie, section de munitions, section de parc), le plus souvent en colonne par voiture. Sur des voies très-larges, il pourra être avantageux, pour diminuer la profondeur des colonnes, de placer les voitures sur deux files rapprochées.

Au moment où les voitures se mettent en mouvement, elles sont serrées à la distance réglementaire (1 mètre); mais il se produit pendant la marche un allongement inévitable qui peut être évalué au tiers de l'espace que la colonne occupait au départ [1].

------

[1] On peut calculer la longueur des colonnes d'artillerie en se basant sur les données suivantes, dans lesquelles on a tenu compte de l'allongement du tiers.

Une batterie montée . . . . 3oo^m
Une batterie à cheval 35o
Une section de munitions d'artillerie. 6oo
Une section de munitions d'infanterie. 5oo
Une section de parc 75o

2.

Batteries de campagne.—Dans une batterie, lorsqu'on est loin de l'ennemi, chaque pièce est suivie de son caisson. Les chariots, la forge, les attelages haut le pied et les chevaux de main sont à la queue de la colonne.

Chaque pièce est dirigée par un maréchal des logis, chaque caisson par un brigadier. Une section comprend deux pièces et deux caissons ; en principe, la section est commandée par un lieutenant ; toutefois, le capitaine commandant est libre, sans qu'il puisse y avoir lieu à réclamation, de donner au sous-lieutenant de réserve le commandement également important de la réserve de la batterie ; l'adjudant commande alors la section du centre.

Le personnel destiné au service d'une pièce marche près d'elle, derrière la volée ou sur les flancs. Chaque servant est équipé des armements de son poste.

Le personnel non employé auprès des pièces marche derrière la forge.

En principe, les sacs des servants à pied sont transportés sur les caissons, qui ont été, pour cet objet, munis de dispositifs spéciaux.

Si l'on prévoit un engagement prochain, on fait marcher toutes les pièces en tête, les caissons venant ensuite et après eux le reste de la batterie.

Les chefs de section, les chefs de pièce et les servants restent avec les pièces. La batterie est partagée en deux groupes ; le premier, comprenant les six pièces et les deux premiers caissons, forme la *Batterie de combat*. Les quatre derniers caissons, les chariots et la forge, suivis du personnel disponible, des attelages haut le pied et des chevaux de main, forment la *Réserve de la batterie*. Cette réserve est placée sous le commandement, soit de l'adjudant, soit du sous-lieutenant de réserve.

Les deux caissons de la batterie de combat appartiennent toujours à la première section, chargée de transporter la caisse aux instruments. Ils sont dirigés par le sous-chef artificier, qui a sous ses ordres deux brigadiers chefs de voiture et quatre artificiers, deux par caisson.

Un trompette accompagne le capitaine, un autre reste auprès de la batterie de combat, le troisième est avec la réserve de la batterie.

Sections de munitions d'artillerie. — Une section de munitions d'artillerie est subdivisée en deux groupes qui marchent ordinairement réunis. Celui qui est en tête de la colonne comprend 12 caissons et 2 affûts de rechange. Le deuxième groupe se compose du reste des voitures de la section. Chaque groupe, commandé par un lieutenant, est accompagné du personnel désigné par le capitaine.

Dans chaque subdivision, les caissons marchent en tête et sont suivis des affûts de rechange.

Dans le deuxième groupe, qui suit immédiatement le premier, les affûts ont derrière eux les chariots, la forge, le personnel disponible, les chevaux haut le pied et les chevaux de main.

Sections de munitions d'infanterie. — Une section de munitions d'infanterie est habituellement décomposée en deux groupes qui marchent réunis, à moins d'ordres spéciaux donnés par les généraux de division. Chaque groupe est commandé par un lieutenant. Le premier groupe ne comprend que des caissons et le personnel désigné par le capitaine. Les chariots, la forge, le personnel disponible, les chevaux haut le pied et les chevaux de main suivent le deuxième groupe.

Parcs d'artillerie. — Dans les marches, chaque section de parc est commandée par un capitaine du train d'artillerie. Le directeur du parc, qui a sous ses ordres un officier supérieur du train d'artillerie, fixe l'ordre dans lequel doivent marcher les voitures et la répartition du personnel dans chaque colonne.

ARTICLE 2.

Place de l'artillerie dans les colonnes.

C'est au commandant des troupes auxquelles l'artillerie est attachée qu'il appartient de fixer la place que doivent occuper dans les colonnes les batteries, sections de munitions et sections de parc.

Batteries de campagne. — Lorsqu'on est à proximité de l'ennemi, il est avantageux que les batteries se trouvent dans le voisinage des troupes qui, d'après les prévisions, devront engager le combat.

On doit éviter de scinder les groupes naturels de batteries (*artillerie divisionnaire, artillerie de corps*); on conserve ainsi la faculté d'employer l'artillerie par grandes masses au moment opportun.

Il ne faut, en général, appliquer au service des détachements que des batteries entières. On ne doit détacher une section que dans des cas exceptionnels, et jamais moins d'une section.

Sections de munitions. — Les sections de munitions attachées aux divisions marchent avec elles; celles qui sont attachées à l'artillerie de corps marchent à sa suite.

La place de ces sections dans les colonnes varie selon les circonstances. Dans certains cas, elles sont accompagnées par des escortes spéciales.

Parc d'artillerie. — Le parc d'artillerie suit ordinairement le corps d'armée à une ou deux journées de marche; son éloignement est réglé d'après les circonstances par les ordres du commandement; il est accompagné, s'il y a lieu, d'une escorte d'infanterie.

ARTICLE 3.

Conduite des colonnes d'artillerie.

Dans toute colonne composée de batteries, sections de munitions ou sections de parc marchant isolément, l'artillerie fournit une avant-garde et une arrière-garde.

Avant-garde. — L'avant-garde fait écarter les obstacles qui arrêteraient la marche. Elle avise le commandant de la colonne des réparations qu'il serait nécessaire de faire aux chemins, lorsqu'elle ne peut pas les exécuter elle-même.

Arrière-garde. — L'arrière-garde veille à ce que rien ne se perde et à ce que les hommes ne restent pas en arrière; elle prête assistance aux voitures qui ont éprouvé quelque accident et laisse au besoin une garde à celles qui sont obligées de s'arrêter pour des réparations.

Soins des officiers en route. — Les officiers s'arrêtent fréquemment pour voir défiler la partie de la colonne à laquelle ils sont attachés. Ils veillent à ce que la colonne ne soit pas coupée et à ce que l'ordre établi soit conservé. S'il arrive un accident à une voiture, elle quitte la file sous la conduite d'un sous-officier ou d'un brigadier qui la fait remettre en état de marcher. Elle entre ensuite dans la colonne là où elle se trouve et regagne sa place à la première halte.

Allures. — L'allure doit être bien réglée et sans à-coup. La vitesse dépend de celle des troupes que l'on accompagne. Une colonne d'artillerie marchant au pas en terrain ordinaire peut faire de 4 à 5 kilomètres en une heure, y compris une halte de dix minutes.

Haltes. — Pendant les haltes de courte durée, l'artillerie reste sur les routes en formation de marche. Tout le monde met pied à terre; on ressangle les chevaux et l'on remet en ordre, s'il y a lieu, les diverses parties du harnachement et le chargement des voitures.

En cas de halte prolongée, l'artillerie se place autant que possible en dehors de la route; chaque batterie ou section de voitures forme le parc sur un certain nombre de lignes, à distances et intervalles plus ou moins resserrés suivant la place dont on dispose. Les chevaux ne sont pas dételés.

En pays ennemi, il faut ne faire de haltes que dans les lieux découverts, loin de tout défilé, et prendre toutes les mesures de sécurité nécessaires.

Montées et descentes. — Dans les montées, on fait prendre de grandes distances entre les voitures. Si la montée est longue, les conducteurs mettent pied à terre; si elle est courte et rapide, ils doivent rester à cheval. Les servants se tiennent prêts à caler les roues pour empêcher les voitures de reculer, et les calent dès qu'on s'arrête, pour faire reposer les chevaux. Dans une montée rapide, on peut être obligé de faire doubler les attelages, mais il ne faut jamais mettre plus de dix chevaux à une voiture.

Dans les descentes, les conducteurs restent à cheval; ceux du timon dirigent seuls la voiture; les autres empêchent leurs chevaux de tirer. On enraye s'il est nécessaire. Les servants se tiennent prêts à caler les roues. Au besoin on dételle les chevaux de devant et ceux du milieu et l'on place derrière chaque voiture des hommes en retraite avec une prolonge.

Lieux habités. — On évite autant que possible les lieux habités, et, si l'on fait une halte dans leur voisinage, c'est toujours après les avoir dépassés. Lorsqu'on est obligé de les traverser, on fait serrer les voitures et l'on redouble de surveillance. A la sortie, on fait au besoin arrêter la colonne pour la rallier.

Défilés. — Des précautions analogues aux précédentes sont prises pour franchir un défilé. En pays ennemi, on ne doit s'engager dans un défilé qu'après l'avoir reconnu. On n'y fait pénétrer les parcs que si l'on est maître du débouché.

Si la route est très-étroite, on fait suivre chaque batterie ou section de voitures par un avant-train libre, afin de pouvoir, en cas de nécessité, faire exécuter un demi-tour sur place à chaque voiture après avoir séparé les deux trains, en dételant les chevaux au besoin. Cet avant-train peut être emprunté à un caisson dont on accroche l'arrière-train au crochet de brancard du milieu d'un autre caisson.

Passages difficiles. — Dans les terrains difficiles, on emploie des canonniers et, au besoin, des hommes d'infanterie demandés à cet effet à l'autorité supérieure, pour faire aux chemins les réparations nécessaires ou aider aux efforts des chevaux.

S'il y a des gués à passer, il faut d'abord les reconnaître et se faire autant que possible accompagner d'un guide. On prépare, s'il y a lieu, les abords du cours d'eau, on fait allonger les distances et l'on échelonne des sous-officiers et brigadiers sur le parcours à suivre ; ils veillent à ce que les voitures ne s'en écartent pas. On apporte la plus grande attention à la conservation des munitions. Lorsque la profondeur du gué dépasse 80 centimètres, il est bon de séparer les coffres des voitures et de les faire passer en bateau ; toutefois, cette précaution ne semble pas indispensable si le matériel est en bon état. Il faut, dès qu'on le peut, visiter les fermetures de culasse et les appareils de pointage, pour les nettoyer et les graisser.

Sur les ponts mobiles ou peu solides, on renforce les endroits faibles; on fait passer les voitures une à une; tout le personnel monté met pied à terre, à l'exception des conducteurs de derrière; les autres soutiennent leurs chevaux. Des servants suivent chaque voiture.

Sur un lac ou un fleuve gelés, on prend des dispositions analogues à celles qui sont indiquées pour franchir les ponts mobiles. On doit s'assurer que la glace est partout suffisamment épaisse (12 centimètres au moins), et faire jalonner à l'avance le parcours à suivre, comme pour passer un gué.

Marches de nuit. — Dans les marches de nuit, il faut redoubler d'attention, et faire serrer les voitures, qui doivent suivre exactement la même voie. On veille à ce que les hommes montés ne s'endorment pas et à ce qu'ils ne mettent pas pied à terre. On soulève les traits de temps à autre, surtout après les arrêts. Dans les circonstances où il importe qu'aucun bruit ne soit entendu, on fait observer le plus grand silence et l'on enveloppe les roues et les chaînes avec de la paille.

ARTICLE 4.

Cantonnements, camps, bivouacs.

L'autorité supérieure donne les ordres généraux

en ce qui concerne l'établissement des cantonnements, camps ou bivouacs.

L'artillerie est habituellement cantonnée, campée ou bivouaquée dans le voisinage des troupes auxquelles elle est attachée.

Les voitures sont parquées par unités constituées (batterie, section de munitions, section de parc) sur un certain nombre de lignes, à intervalles plus ou moins serrés, conformément aux dispositifs prescrits dans l'ordonnance sur le service des armées en campagne [1].

La consigne ordinaire du poste qui garde le parc est de n'y laisser pénétrer personne sans l'autorisation d'un officier d'artillerie.

Les gardes ou les sous-officiers gardes-parc visitent chaque jour, sous la direction des officiers d'artillerie, les voitures, leurs chargements et spécialement les munitions. — Les réparations reconnues nécessaires sont exécutées sans retard. Tous les cinq jours, au moins, les essieux sont graissés.

Dans les batteries, on examine avec un soin tout particulier les bouches à feu, notamment les fermetures de culasse et les systèmes de pointage, dont l'entretien ne doit jamais laisser à désirer.

On visite fréquemment la ferrure et le harnachement, qui doivent toujours être tenus en bon état.

---

[1] La nouvelle ordonnance sur le service des armées en campagne n'est pas encore terminée.

CHAPITRE III.

Service sur le champ de bataille.

ARTICLE PREMIER.

Dispositions avant le combat.

Premières dispositions. — Dès qu'un combat semble imminent, chaque commandant de batterie fait former la batterie de combat et la réserve. A la première halte, les chefs de section, de pièce et de caisson s'assurent que le personnel est à son poste; que les servants sont porteurs de leurs armements; que les hausses, les tire-feu et les étoupilles sont à leur place. On fait fonctionner les systèmes de pointage et les mécanismes de culasse, et l'on passe le dégorgeoir dans les lumières.

Les sacs de servants qui se trouveraient sur les caissons de la batterie de combat sont enlevés. Les coffres sont ouverts et l'on constate que les charges et les projectiles peuvent être facilement dégagés.

Les hommes montés remettent en ordre les parties du harnachement et du paquetage qui ne seraient pas convenablement disposées.

Dès que le commandant de l'artillerie prévoit un engagement, il fait prévenir les batteries et sections de munitions.

Lorsque les batteries marchent réunies sous le commandement d'un chef d'escadron, c'est à cet officier supérieur que sont adressés les ordres pour être transmis aux capitaines.

Le commandant de l'artillerie se tient auprès du commandant des troupes, de façon à être très-exactement renseigné sur l'ensemble des opérations et le but à atteindre.

Dès qu'il est bien fixé à cet égard, il envoie au chef d'escadron l'ordre de diriger ses batteries vers un point du terrain, qu'il choisit plus ou moins en arrière de l'emplacement probable des pièces, lors de la première mise en batterie. La transmission de cet ordre est confiée, autant que possible, à un officier qui guide les batteries dans l'exécution de leurs mouvements.

Le commandant de l'artillerie fait aussi prévenir les sections de munitions d'artillerie, et leur assigne les emplacements sur lesquels elles auront à s'établir pendant le combat. Ces emplacements sont choisis à 1,500 mètres environ des premières pièces mises en batterie. Leur situation exacte est indiquée aux capitaines commandants.

Les sections de munitions d'infanterie, diminuées des voitures qui auront pu être détachées auprès des différents corps de troupes [1], devront se tenir dans le voisinage des sections de munitions d'artillerie, à moins que les généraux commandant les divisions ne donnent d'autres ordres à cet égard.

Les capitaines, après avoir arrêté leurs batteries à l'endroit désigné par le commandant de l'artillerie,

---

[1] Pour réapprovisionner les voitures de bataillon.

se rendent auprès de lui avec le chef d'escadron. Chacun d'eux est accompagné, s'il y a lieu, de deux ou trois sous-officiers et d'un trompette [1].

Le commandant de l'artillerie indique à chaque capitaine l'objectif qu'il doit avoir en vue et le terrain que sa batterie doit occuper. Les capitaines reconnaissent ensuite, sous la direction du chef d'escadron, les emplacements des pièces.

Le commandant de l'artillerie, après s'être assuré que ses ordres ont été bien compris, rejoint le commandant des troupes. Avant de quitter la position, il communique au chef d'escadron les ordres qu'il a donnés aux sections de munitions; il lui indique, autant que possible, où l'on pourra le retrouver.

Choix des positions. — L'artillerie doit être disposée de manière que son tir ait toute l'efficacité dont il est susceptible. Il faut aussi qu'elle soit dérobée le mieux possible aux vues de l'ennemi et qu'elle puisse se déplacer facilement.

Le but étant défini, chaque capitaine en apprécie rapidement la distance, soit à la vue, soit au moyen de cartes topographiques, soit avec l'aide du télomètre ou d'autres instruments.

Les meilleures distances de tir sont comprises entre 1,000 et 2,500 mètres. Au delà de 2,500 mètres, la difficulté d'observer les résultats diminue considérablement l'efficacité du tir. Dès qu'on arrive à moins de 1,000 mètres des tirailleurs ennemis, on

---

[1] Ce trompette porte le télomètre.

est exposé à subir, en très-peu de temps, des pertes considérables.

Dans le choix d'une position, il y a lieu de tenir grand compte de la forme du terrain. Il faut, avant tout, que l'on découvre bien l'ennemi et que le champ de tir soit aussi étendu que possible.

Les points dominants du terrain satisfont, en général, à ces conditions; l'artillerie les occupe habituellement, se plaçant en arrière des crêtes, de manière à défiler les pièces le mieux possible. Une telle position aura parfois l'inconvénient de cacher une grande partie du terrain en avant, de sorte que, l'ennemi se rapprochant, on cesserait de l'apercevoir. Il faut alors, s'il y a lieu, prendre position en avant de la crête, en ayant soin d'éviter que les batteries ne se découpent sur le ciel.

Au reste, les points les plus élevés d'un champ de bataille ne constituent pas d'une manière absolue les meilleures positions pour l'artillerie. Ils sont souvent d'un accès très-difficile, et lorsqu'ils dominent trop le but, le tir devient fichant et la chance d'atteindre est diminuée. Il vaudra donc mieux, en général, chercher à s'établir sur des points de hauteur moyenne et utiliser les plus élevés comme observatoires.

Dans les terrains peu mouvementés, on profitera des plus légères ondulations pour défiler quelques-unes des pièces; on utilisera dans le même but les haies, les broussailles, les champs cultivés.

On évitera de prendre position dans un terrain qui présenterait à quelque distance des ravins, des taillis, des bouquets de bois, etc., difficiles à surveiller et à l'abri desquels l'ennemi pourrait faire approcher ses tirailleurs.

On s'éloignera des constructions de toute nature; elles offrent à l'ennemi des points de repère, et peuvent donner lieu à des projections d'éclats dangereux. Ce dernier inconvénient se produit également lorsqu'on occupe des terrains parsemés de rochers, de pierres, ou même de gravier.

On recherchera pour l'emplacement des pièces un sol uni et ferme, à l'exclusion des terrains mous ou marécageux, qui, d'ailleurs, sont utiles en avant ou sur les flancs d'une position. L'effet des obus ennemis est alors atténué et l'on est dans une certaine mesure à l'abri des attaques de vive force. Il ne faut pas que cet état du sol devienne un obstacle aux mouvements d'une batterie, qui doit pouvoir se déplacer aisément, sinon immédiatement en avant du front, du moins vers l'arrière et sur les côtés.

On tâchera que la ligne des pièces ne soit prise ni de flanc ni d'écharpe, tout en s'efforçant d'atteindre l'ennemi obliquement.

On devra s'abstenir, autant que possible, de disposer des pièces en batterie immédiatement en avant ou en arrière de troupes immobiles, car on offrirait ainsi un double but à l'ennemi. On est cependant obligé quelquefois de tirer par-dessus des détachements amis, mais il faut alors que les obus passent à une hauteur suffisante au-dessus de ces troupes, pour ne pas les inquiéter.

Les nombreux éléments qui constituent une

bonne position se trouveront rarement réunis. Tout officier d'artillerie chargé de déterminer l'emplacement d'une batterie aura donc à discerner, dans chaque cas particulier, l'importance relative des conditions à remplir. Ses décisions devront toujours être prises promptement et ses ordres donnés avec netteté, de manière que leur exécution ne souffre ni retard ni incertitude.

En règle générale, il faut, dans l'offensive, sacrifier la question du défilement à tout ce qui est de nature à assurer l'efficacité du tir et la mobilité des pièces.

On pourra, d'ailleurs, dans certains cas suppléer au manque de couverts naturels par la création d'abris artificiels, spécialement dans les combats défensifs, où souvent il est possible d'assigner à l'avance les emplacements que les batteries occuperont pendant un temps prolongé. Dans un combat offensif, si l'on est obligé de rester longtemps immobile, on pourra utiliser pour couvrir les pièces les moments où l'action se ralentit.

Avec les outils à pionniers que transporte une batterie, il est possible, dans un terrain ordinaire, d'établir en peu de temps des abris pour les canons et les servants. Ces abris doivent être construits pour chaque pièce en particulier. Ils consistent le plus souvent en épaulements de 8o centimètres de hauteur. Les terres sont fournies en grande partie par une excavation peu profonde, mais de dimensions suffisantes pour que le fond puisse servir de plate-forme à la pièce. On se procure encore une certaine quantité de terre en creusant deux petits fossés latéraux pour les servants, qui se trouvent ainsi mieux garantis que s'ils restaient sur le sol naturel.

ARTICLE 2.

Dispositions pour le combat.

Dès que la position est bien reconnue et que les emplacements des diverses batteries ont été fixés sous la direction du chef d'escadron, chaque capitaine envoie au lieutenant, auquel il a laissé le commandement, l'ordre de faire avancer la batterie de combat.

Le lieutenant amène la batterie au trot; il fait prendre, dès qu'il le peut, l'ordre déployé. Les deux caissons de la batterie de combat sont alors placés en arrière des 2ᵉ et 5ᵉ pièces.

La réserve suit provisoirement la batterie de combat, se conformant d'ailleurs aux ordres envoyés par le capitaine.

Si, quand on prend le trot, quelques servants ne pouvaient trouver place sur les coffres ou coffrets à munitions, ils rejoindraient à pied la batterie le plus vite possible, sous la conduite d'un sous-officier ou brigadier [1].

Mise en batterie. — Le capitaine se porte au-devant de la batterie. Lorsqu'elle est arrivée sur le terrain, il donne aux chefs de section et de pièce les indications nécessaires pour qu'ils puissent fixer

---

[1] C'est ce qui arrivera toujours dans les batteries de 7; les servants absents seront remplacés momentanément, s'il est nécessaire, par des conducteurs du milieu.

l'emplacement exact de chaque bouche à feu. Il fait prendre position à toutes les pièces à la fois, à moins que des difficultés exceptionnelles n'obligent à faire arriver chacune d'elles successivement.

Il n'y a point à rechercher un alignement rigoureux; mais il ne faut pas qu'une pièce gêne le tir de celles qui l'avoisinent. Les intervalles seront généralement de 15 à 20 mètres; on pourrait cependant les resserrer jusqu'à 10 mètres, mais seulement en cas de nécessité absolue et faute d'un espace suffisant.

Les avant-trains sont placés en arrière des pièces, à 15 ou 20 mètres au plus : on s'attache à les défiler au moyen du terrain.

Les deux caissons de la batterie de combat doivent être abrités le mieux possible, mais placés de telle sorte qu'aucun pourvoyeur n'ait à parcourir des distances trop considérables.

Les chefs de section et de pièce, ainsi que le sous-chef artificier, mettent pied à terre. Le capitaine reste à cheval ou met pied à terre selon les circonstances.

Dispositions relatives à la réserve. — La réserve, sous la conduite de l'adjudant ou du sous-lieutenant qui la commande, suit à distance la batterie de combat, et va prendre position, d'après les indications du capitaine, à 500 mètres au plus en arrière de la ligne des pièces, vers le flanc le moins exposé.

L'emplacement choisi doit être en communication constante et facile avec la batterie, en dehors des routes, et à l'abri des vues de l'ennemi, s'il est possible.

Dès que son installation est terminée, le commandant de la réserve en donne avis au capitaine et fait, sans perdre de temps, reconnaître la position de la section de munitions.

Quand la forme du terrain s'opposera à ce que les voitures trouvent, à distance convenable de la batterie, un abri suffisamment commode et sûr contre un feu très-vif, on pourra fractionner exceptionnellement la réserve de la batterie en deux échelons : le premier, ne comprenant que des caissons, se tiendra à proximité de la batterie de combat; le deuxième, formé du reste des voitures, sera établi plus ou moins en arrière, de manière à être mieux abrité.

Si plusieurs batteries occupent simultanément une position, il pourra être avantageux de réunir ensemble toutes les réserves d'un même groupe sous un commandement unique.

Le commandant de l'artillerie donne dans ce cas les ordres nécessaires, et fixe, pendant la première reconnaissance qu'il fait de la position, l'emplacement où devront se tenir les réserves réunies.

Afin d'empêcher tout malentendu, on évitera d'adjoindre aucune voiture étrangère aux échelons formés avec des voitures de l'artillerie.

Exécution des feux. — Quand une batterie occupe une position de combat, toutes ses pièces doivent être employées à concourir à un seul et même but; il est dès lors indispensable qu'il y ait unité absolue dans la direction, qui appartient au capitaine commandant. Il a pour se guider les ordres et les renseignements donnés par l'autorité supérieure.

Les parties de la ligne ennemie que l'on doit battre présentant toujours une certaine étendue, le capitaine désigne le point sur lequel le feu de toute la batterie sera d'abord dirigé. Ce n'est que plus tard, quand le tir est exactement réglé, qu'on assigne, s'il y a lieu, à chaque section, ou exceptionnellement à chaque pièce, une portion déterminée du but.

Dans le tir contre une batterie, on choisira d'ordinaire, comme premier but commun à toutes les pièces, un des canons de la section du centre, celui qui sera le plus nettement visible.

Dans le tir contre une colonne, on cherchera d'abord à atteindre le milieu du rang qui est en tête, et si l'on fait feu contre une troupe d'infanterie en formation de combat, on réglera son tir sur un point de la ligne des tirailleurs.

Les coffres à munitions des batteries de campagne renferment trois espèces de projectiles : obus ordinaires, obus à double paroi, obus à balles, tous armés de fusées percutantes.

C'est toujours avec des obus ordinaires que l'on tire les premiers coups, afin de déterminer la véritable hausse qu'il convient d'employer. On peut faire servir à cette opération toutes les pièces de la batterie, ou seulement une ou deux d'entre elles.

Dans tous les cas, l'ouverture du feu doit suivre de très-près la mise en batterie.

Le capitaine se place de manière à pouvoir à la fois surveiller son personnel, se faire entendre des chefs de section et de pièce, et bien observer les résultats du tir.

Il se conforme d'ailleurs, pour régler le tir de sa batterie, aux indications données dans le règlement sur le service des bouches à feu de campagne ainsi que dans une note placée à la fin de la présente instruction.

A partir du moment où le tir est réglé dans son ensemble, le capitaine s'abstient, en général, d'ordonner des corrections; mais il continue à observer les effets du tir, qui doit, en principe, être exécuté par pièce et à son commandement.

La rapidité du feu dépend essentiellement des circonstances; mais, le plus souvent, il faut tirer avec lenteur, de manière à n'envoyer avec les six pièces que deux ou trois projectiles par minute[1]. Dans le cas où l'on constaterait que le tir est peu efficace, il faudrait le ralentir encore, mais ne le suspendre que sur un ordre du chef d'escadron.

Aux petites distances, quand on voit nettement l'ennemi, l'action est le plus souvent décisive, et ne saurait durer longtemps; on augmente alors la vitesse du tir.

---

[1] Les batteries de 7 et de 5 transportent, en moyenne, 30 coups par coffre. Si l'on tirait 5 ou 6 coups par minute, les deux caissons de la batterie de combat seraient épuisés en trente ou trente-cinq minutes, et il ne faudrait pas plus de deux heures et demie pour consommer toutes les munitions d'une batterie de 7 ou de 5. Une batterie de $95^{m/m}$, qui ne transporte que 24 coups au plus par coffre, épuiserait toutes ses munitions plus rapidement encore.

C'est seulement aux petites distances que l'on emploiera les obus à double paroi ou les obus à balles, du moins avec les canons de 5 et de 7, dont les coffres ne contiennent qu'un nombre restreint de ces projectiles. L'usage de ces obus spéciaux, destinés uniquement à agir contre les troupes, exige d'ailleurs que le tir soit exactement réglé.

Dans certaines circonstances exceptionnelles, on fera feu aussi vite que possible, tout en tirant au commandement avec régularité; par exemple s'il s'agit d'atteindre des troupes réunies momentanément sur un espace restreint, ou une batterie qui exécute des mouvements d'avant-train, ou bien encore s'il faut prévenir une charge de cavalerie. Il pourra même être quelquefois avantageux d'employer le tir par salves. La chute simultanée d'un grand nombre de projectiles produit un effet moral considérable; il ne faut d'ailleurs user que bien rarement d'un tel procédé, qui entraînerait en peu de temps la consommation d'une énorme quantité de munitions.

Un capitaine ne doit pas changer d'objectif avant d'avoir obtenu un résultat décisif. Il prévient alors le chef d'escadron, qui, s'il y a lieu, donne l'ordre de modifier les conditions du tir. Les capitaines sont d'ailleurs autorisés, sous leur responsabilité, à diriger leurs feux sur des buts qui se présenteraient inopinément à bonne portée: par exemple, des escadrons qui se réuniraient pour charger, des batteries qui changeraient de position, etc. Dans tous les cas, le chef d'escadron doit être immédiatement prévenu.

Distribution des munitions. — Les premières charges sont extraites des caissons de la batterie de combat; chacun d'eux est affecté à une demi-batterie. Les deux artificiers du caisson distribuent les munitions aux pourvoyeurs des trois pièces. Il entament d'abord le coffre de derrière de l'arrière-train; quand il est épuisé, ils passent à celui de devant et ensuite au coffre de l'avant-train.

Le sous-chef artificier dirige la distribution des munitions; il tient le capitaine au courant de la consommation. Les chefs de section et de pièce doivent être toujours exactement renseignés à cet égard, chacun en ce qui le concerne.

Dès que l'on va distribuer les derniers coups du second coffre de chaque caisson, le sous-chef artificier en donne avis au capitaine, qui fait aussitôt prévenir le commandant de la réserve, lequel dirige immédiatement sur la batterie de combat deux caissons sous la conduite d'un sous-officier; celui-ci ramène à la réserve les deux caissons vides. Ils sont envoyés le plus tôt possible à la section de munitions pour y être échangés contre des caissons pleins [1].

Dans ce système, le chargement des avant-trains des pièces est toujours intact; c'est une réserve dont on ne doit, en principe, faire usage qu'à la dernière extrémité. Toutefois, dans le cas où les caissons de la réserve ne seraient pas encore arrivés

---

[1] Les batteries et sections de munitions reprennent ultérieurement et aussitôt que possible les voitures qui leur appartiennent.

en ligne, au moment où l'on aurait épuisé ceux de
la batterie de combat, on peut prendre quelques
charges dans les avant-trains des pièces, en n'en-
tamant qu'un seul avant-train par section. Aussitôt
que l'on aura de nouveaux caissons à sa disposition, on y prendra les munitions pour continuer
le feu et l'on recomplétera le chargement des
avant-trains des pièces, dès qu'on pourra le faire
sans danger.

*Remplacement des hommes et des chevaux mis hors
de combat.* — Les servants mis hors de combat sont
provisoirement remplacés conformément aux dispositions prescrites par les règlements sur le service des bouches à feu. Autant que possible, on
laisse les artificiers aux caissons. Les conducteurs
du milieu remplacent ceux de devant ou de derrière qui viendraient à manquer; ils peuvent aussi
momentanément être employés auprès des pièces.

Les menues réparations sont exécutées sous le
feu; celles qui sont trop importantes sont ajournées.

Le commandant de la réserve se tient cons-
tamment en communication avec la batterie de
combat, de manière à pouvoir lui envoyer sans
retard le personnel et les rechanges qui seraient nécessaires au service des pièces.

Si les pertes d'une batterie deviennent tellement
considérables que toutes les pièces ne puissent plus
être servies à la fois, on répartit le personnel et
les munitions entre celles dont on peut encore
faire usage, choisissant pour être laissées inactives
les pièces qui, par des avaries dans leur matériel ou

des pertes dans leurs attelages, sont le moins en état de continuer le combat. Un commandant de batterie ne se décide à prendre une pareille mesure que dans un cas de nécessité absolue; il en fait prévenir immédiatement, s'il le peut, son chef d'escadron. C'est à cet officier supérieur qu'il appartient d'ordonner, sous sa responsabilité, le déplacement d'une batterie qui aurait épuisé ses munitions ou qui souffrirait trop du feu de l'ennemi.

Changement de position. — Pendant le combat, le chef d'escadron doit, d'après les ordres qu'il a reçus et suivant la tournure que prend l'engagement, prévoir les positions successives que ses batteries auront à occuper par la suite. Son rôle consiste à surveiller l'exécution du tir sans s'immiscer dans les détails, et à reconnaître à temps les positions ultérieures de l'artillerie, afin de pouvoir y diriger sûrement ses batteries quand le moment sera venu. Dans tous les cas, lui seul ordonne les changements de position; il précède toujours les batteries sur les nouveaux emplacements. Il envoie aux capitaines l'officier qui lui est adjoint, pour les guider et leur donner des renseignements qui puissent permettre aux batteries d'arriver en position sans une reconnaissance détaillée, qui serait presque toujours inexécutable.

En principe, dans l'offensive, on se porte au grand trot sur les nouvelles positions, qui doivent être à 500 mètres au moins des premières; un déplacement moindre modifierait, en général, trop peu l'effet du tir, pour que la perte de temps résultant du mouvement effectué fût avantageusement compensée.

Il y a pourtant des circonstances où l'on doit procéder par faibles déplacements.

Si, par exemple, on avait beaucoup à souffrir d'un feu bien réglé, il y aura souvent grand avantage à se porter en avant d'une cinquantaine de mètres, par des mouvements successifs exécutés à bras, pour les pièces, au milieu de la fumée.

Quand plusieurs batteries occupent simultanément une position, ces mouvements partiels ne doivent être exécutés qu'avec l'approbation du chef d'escadron, qui veille à ce que le tir des batteries voisines n'en soit pas gêné.

Les mouvements de retraite doivent être exécutés au pas; toutefois, quand un ordre spécial a prescrit de prendre le trot, l'allure doit être assez modérée pour qu'il n'y ait aucun désordre. L'emploi de la prolonge ne doit être qu'exceptionnel. L'étendue minima des déplacements ne saurait être fixée à l'avance.

Lorsqu'une batterie isolée change de place, les six pièces exécutent le plus souvent leur mouvement simultanément. En retraite, on peut cependant employer les échelons de demi-batterie.

Si plusieurs batteries occupant ensemble une position doivent la quitter, il convient ordinairement de les faire mouvoir par échelons composés suivant les circonstances, mais ne comprenant que des batteries entières.

Les capitaines, avant de se déplacer, font toujours prévenir leurs réserves : le chef d'escadron agit de même à l'égard de la section de munitions qui ravitaille ses batteries.

Le commandant de chaque réserve règle ses mouvements sur ceux de la batterie de combat, avec laquelle il doit toujours être en communication; il tient disponible à tout instant deux caissons d'une même section, et conserve des relations constantes avec la section de munitions destinée au ravitaillement de ses voitures.

Sections de munitions d'artillerie. — Ces sections, prévenues dès le début de l'affaire, sont dirigées rapidement sur les emplacements désignés par le commandant de l'artillerie.

Le capitaine qui commande une section de munitions se met, dès qu'il le peut, en relations avec les réserves des batteries qu'il a mission de ravitailler.

Le remplacement des munitions consommées s'opère par un simple échange de voitures. Les caissons vides laissés à la section y sont, si les circonstances le permettent, remplis par transbordement pour être ultérieurement et aussitôt que possible rendus aux batteries dont ils proviennent.

Cette dernière prescription est d'autant plus importante que les caissons dont il s'agit portent des outils ou des objets de campement nécessaires aux batteries.

Parc du corps d'armée. — Les jours de combat, le directeur du parc reçoit du général commandant l'artillerie du corps d'armée l'ordre de se rapprocher des troupes engagées et de venir occuper, sans retard, un lieu désigné, que l'on choisit, d'ordinaire, dans une position centrale.

Les ordres concernant la position du parc sont communiqués aux commandants de l'artillerie divisionnaire et de l'artillerie de corps, qui les font connaître aux batteries et sections de munitions.

Les commandants de ces sections cherchent à se mettre en relations avec le parc le plus tôt possible.

ARTICLE 3.

Dispositions après le combat.

Aussitôt qu'un engagement est terminé, le commandant de la réserve, prévenu par le capitaine, rejoint au plus vite la batterie de combat. Le premier devoir du capitaine est de remettre sa batterie en état de marcher et de faire feu. Il se sert à cet effet des moyens dont il dispose, s'occupant tout d'abord de ses pièces et de la reconstitution du personnel nécessaire pour les servir. Il fait visiter soigneusement les appareils de fermeture et de pointage et compléter, s'il y a lieu, le chargement des avant-trains des pièces avec les munitions qui lui restent. Les caissons vides sont envoyés à la section de munitions, sur la position de laquelle le commandant de la réserve doit pouvoir donner des renseignements précis.

Les sections délivrent immédiatement aux batteries les munitions dont elles disposent et leur rendent les caissons qu'elles ont pu recevoir pendant la durée de l'engagement. Elles ne pourvoient aux besoins des batteries en hommes, chevaux ou matériel, que d'après les ordres des colonels ou lieutenants-colonels commandant l'artillerie de corps ou l'artillerie divisionnaire.

Chaque capitaine commandant établit successivement deux rapports qu'il adresse à son chef d'escadron.

Le premier de ces rapports est envoyé dans un délai aussi court que possible. Il a pour objet de faire connaître la situation de la batterie après le combat. Il comprend : 1° l'état des pertes en hommes [1], chevaux [2] et matériel; 2° le détail des munitions consommées, avec mention de la portion déjà remplacée; 3° des renseignements sur la possibilité de marcher et de combattre ultérieurement.

Le deuxième rapport doit suivre le premier de très-près et même l'accompagner, s'il est possible.

Il a pour objet la relation sommaire du combat en ce qui concerne la part que la batterie a pu y prendre; il doit être clair et concis et cependant n'omettre aucun détail essentiel. Un paragraphe spécial est consacré à la conduite du personnel. On y signale nominativement les officiers et les hommes de troupe qui se sont particulièrement distingués.

Pour être à même d'établir ce second rapport, il est indispensable que les capitaines aient exactement tenu note de l'heure où se sont passés les faits les plus intéressants et de tous les ordres qu'ils ont reçus.

---

[1] Tués, blessés, disparus, officiers nominativement.
[2] Tués ou gravement blessés.

Aussitôt après un engagement, les commandants des sections de munitions d'artillerie ou d'infanterie s'occupent de réunir leurs éléments. Ils ont à pourvoir, dans la mesure des ressources dont ils disposent, au remplacement des munitions consommées, et à se réapprovisionner eux-mêmes au parc du corps d'armée.

Ils adressent, dans le plus bref délai, soit au commandant de l'artillerie de corps, soit à celui de l'artillerie divisionnaire, un rapport indiquant les quantités de munitions qu'ils ont distribuées pendant l'action et celles qui restent encore disponibles. Ils signalent en même temps les faits intéressants qui se sont produits dans leur service.

Les commandants de l'artillerie des divisions réunissent les rapports concernant leurs batteries et sections de munitions. Chacun d'eux établit ensuite un rapport d'ensemble dont il adresse une expédition au général commandant la division et une autre au général commandant l'artillerie du corps d'armée.

Le commandant de l'artillerie de corps établit de même, pour ses batteries et sections de munitions, un rapport qu'il remet au général commandant l'artillerie.

Le directeur du parc adresse également à cet officier général un rapport dans lequel il rend compte de la marche exécutée par le parc et de toutes les circonstances qui lui paraissent offrir quelque intérêt.

Le général commandant l'artillerie du corps d'armée établit, à l'aide de ces divers documents, un rapport sur le rôle de l'artillerie ; il en remet une expédition au général commandant le corps et en fait parvenir une autre au général commandant l'artillerie de l'armée.

Le général commandant l'artillerie de l'armée adresse au général en chef un rapport embrassant tous les services de l'arme.

CHAPITRE IV.

Emploi de l'artillerie avec les autres armes.

ARTICLE PREMIER.

Considérations générales.

Le rôle de l'artillerie en campagne est multiple ; elle doit :

1° Engager le combat ;

2° Couvrir le déploiement des troupes des autres armes ;

3° Contenir et occuper l'ennemi par son feu en entretenant l'action aux distances où n'atteignent pas les armes portatives ;

4° Contre-battre l'artillerie ennemie ;

5° Préparer l'attaque décisive par des feux rapprochés ;

6° Concourir d'une manière spéciale à certains détails du combat, tels que : attaque et défense de villages, de postes retranchés, etc. · passage de défilés, de cours d'eau, etc. ;

7° Aider à la poursuite de l'ennemi battu ; opérer seule au besoin cette poursuite par ses feux, si les obstacles du terrain empêchent l'action des autres armes ;

8° Protéger les retraites.

Le rôle de l'artillerie doit être examiné à deux points de vue : celui des combats offensifs, celui des combats défensifs.

Il faut, en outre, distinguer deux cas principaux, selon qu'il s'agit d'une division opérant isolément, ou d'un corps d'armée complet.

ARTICLE 2.

Combats offensifs.

Artillerie divisionnaire. — Une division d'infanterie détachée momentanément de son corps d'armée pour opérer isolément dispose de quatre batteries montées.

En règle générale, la division sera partagée, pour la marche, en trois groupes : avant-garde, gros ou corps principal, arrière-garde.

On attache ordinairement à l'avant-garde une seule batterie. Sa place est fixée par le commandant de l'avant-garde, généralement derrière le 1er ou le 2e bataillon du groupe principal.

Les autres batteries restent avec le gros de la division ; elles marchent réunies sous les ordres du chef d'escadron, le colonel ou lieutenant-colonel d'artillerie restant auprès du général de division. Celui-ci fixe la place de l'artillerie par rapport aux autres troupes, de manière à pouvoir l'employer aussitôt qu'il le jugera utile. Les batteries devant, en principe, être engagées avant les autres troupes du gros, c'est vers la tête de la colonne qu'il conviendra de les placer le plus souvent, par exemple en arrière du 1ᵉʳ bataillon ou du 1ᵉʳ régiment.

Il n'est pas d'ordinaire attribué d'artillerie à l'arrière-garde.

Dans une marche offensive le combat est généralement engagé par l'avant-garde. Dès que l'ennemi aura été signalé, la batterie recevra le plus souvent l'ordre de se porter en avant pour prendre position. L'emplacement des pièces est choisi par le capitaine de la batterie, d'après les ordres du commandant de l'avant-garde auprès duquel il se tient habituellement, laissant au lieutenant en premier le soin de diriger la batterie pendant les marches.

Les pièces une fois arrivées sur l'emplacement qu'elles doivent occuper, le capitaine en reprend le commandement direct; il se tient en communication constante avec le commandant de l'avant-garde.

L'artillerie, dans un combat d'avant-garde, a pour première mission de contenir l'ennemi et de le contraindre à dévoiler prématurément ses projets, pendant que les troupes amies se déploient et commencent à s'avancer.

Si l'avant-garde est de force à repousser l'ennemi sans le secours du gros de la division, celui-ci ne s'engage pas et son artillerie reste avec lui. Il y aura cependant lieu, dans la plupart des cas, de faire renforcer la batterie unique de l'avant-garde par une des trois autres batteries de la division, pour obtenir rapidement un effet décisif. Le commandant de l'artillerie décide si la seconde batterie doit être accompagnée du chef d'escadron, qui, dans ce cas, demeure auprès du commandant de l'avant-garde tant que celle-ci est seule engagée.

L'artillerie, dans sa première position, doit tirer sur celles des troupes de l'adversaire qui paraissent devoir gêner le plus la marche en avant de la division.

Presque toujours, au commencement d'un combat, les batteries ennemies peuvent seules être distinguées avec quelque netteté. C'est donc ordinairement contre elles que seront dirigés les premiers coups; mais il faudra tirer sur les troupes d'infanterie et de cavalerie dès qu'on pourra le faire avec quelque chance de succès.

Pendant ce premier feu, l'infanterie déployée en tirailleurs gagnera du terrain en avant; dès qu'elle aura fait assez de progrès, l'artillerie se portera en avant à son tour. Ces déplacements, qui ne doivent pas, en principe, être inférieurs à 500 mètres, sont exécutés par échelons, quand on dispose de plusieurs batteries.

Arrivée à sa deuxième position, l'artillerie aura à diriger son feu sur le point où, selon les prévisions du commandement, doit avoir lieu le choc définitif. Les officiers d'artillerie ont, dans ces circonstances, à surveiller attentivement la marche de l'engagement et les mouvements des troupes, afin que si le feu des pièces devenait dangereux pour elles, ils puissent, à temps, soit arrêter le tir, soit en changer la direction de manière, par exemple, à atteindre les batteries de l'adversaire ou ses réserves.

Lorsque l'infanterie prononcera son mouvement pour un assaut décisif, l'artillerie devra s'y associer et se rapprocher de façon à protéger plus efficacement les troupes.

En cas d'échec, l'artillerie, par ses feux, favorisera le ralliement des premières lignes de l'infanterie, soutiendra, s'il y a lieu, l'attaque reprise par les secondes lignes, et s'efforcera d'arrêter les progrès des batteries et des colonnes ennemies.

Dans l'hypothèse où l'on s'est placé jusqu'à présent, l'avant-garde seule était engagée; on se trouvait, en réalité, dans le cas d'un corps d'infanterie de faible effectif opérant isolément avec une ou deux batteries. Dès que le commandant de la division aura acquis la conviction que l'ensemble de ses troupes devra, dans un délai plus ou moins rapproché, prendre part au combat, il fera le plus souvent renforcer, sans retard, l'artillerie de son avant-garde, au moyen de toutes les batteries restées avec le corps principal.

Si le terrain le permet, on réunira les quatre batteries de la division de manière à faciliter la concentration de leurs feux sur les points principaux de la ligne ennemie. Si l'on ne pouvait opérer de cette manière, il faudrait tâcher de grouper les batteries par deux et s'efforcer de faire converger les feux de toutes les pièces vers le point décisif. Dans certaines circonstances, on profitera d'un moment favorable pour envoyer une ou deux batteries sur le flanc de l'ennemi, qu'on pourra prendre ainsi d'écharpe ou à revers. Le rôle général des batteries divisionnaires qui sont ainsi engagées en second lieu ne diffère pas essentiellement de celui qui a été décrit pour l'artillerie attachée directement à l'avant-garde.

Lorsque les deux divisions d'un corps d'armée marchent réunies sur une seule route, l'avant-garde, qui comprend habituellement une brigade, est accompagnée de deux batteries de la 1ʳᵉ division sous les ordres du chef d'escadron ; les deux autres batteries marchent près de la tête du gros de la 1ʳᵉ division.

Dans la 2ᵉ division, les quatre batteries sont réunies en un seul groupe vers la tête de la colonne.

L'artillerie de corps tout entière est placée entre les deux divisions.

Si l'on dispose de plusieurs routes, l'artillerie de corps marchera, selon les ordres du général commandant le corps d'armée, avec l'une des divisions, ou bien elle suivra une route intermédiaire entre celles que suivront les deux divisions.

Artillerie de corps. — La différence essentielle qui existe entre les batteries qui la composent et celles de l'artillerie divisionnaire, c'est que ces dernières combattent en se tenant intimement liées aux troupes de chaque division, tandis que l'artillerie de corps reçoit directement, comme une division d'infanterie, les ordres du général commandant le corps d'armée.

La véritable mission de l'artillerie de corps

consiste avant tout à préparer l'attaque qui sera ultérieurement exécutée par l'ensemble du corps d'armée.

L'artillerie de corps devra donc être engagée aussitôt que, d'après la marche du combat, le général en chef aura reconnu la nécessité de déployer toutes ses forces.

En principe, on réunira sur le même terrain un grand nombre de batteries; il sera d'ailleurs souvent difficile de rencontrer des emplacements où l'on puisse rassembler autant d'artillerie qu'il serait désirable; mais on évitera de séparer les batteries d'un même groupe, et rarement on emploiera pour un même objet moins de deux batteries.

Les batteries du plus fort calibre, plus puissantes mais moins mobiles et moins bien approvisionnées que les autres, ne doivent être mises en position que sur des emplacements reconnus et choisis avec un soin particulier; car il importe qu'aucun de leurs coups ne soit perdu.

Le but que l'on doit chercher à atteindre sera presque toujours la concentration des feux sur certaines portions bien définies de la ligne ennemie; ce n'est que par la réunion d'un grand nombre de pièces que l'on pourra généralement y parvenir, et l'on cherchera le plus souvent à engager toutes ses batteries, sans conserver d'artillerie en réserve [1].

---

[1] Ce principe n'est pas applicable aux batteries de canons à balles qui entrent dans la composition de l'artillerie de corps de certains corps d'armée. Ces batteries,

Cependant, faute d'espace, on devra parfois se résoudre à laisser quelques batteries inactives. Ce seront, de préférence, les batteries à cheval de l'artillerie de corps, qui peuvent être dirigées plus rapidement que les batteries montées vers les points du champ de bataille où leur emploi deviendrait nécessaire.

On adjoint utilement les batteries à cheval de l'artillerie de corps à certaines pointes d'avant-garde exclusivement composées de cavalerie, ou encore aux troupes de cette arme chargées de manœuvrer pendant le combat sur les flancs de l'adversaire, et de le poursuivre s'il est battu.

Pendant le cours d'une bataille, les batteries de l'artillerie de corps auront à changer de position en cherchant toujours à se rapprocher du point décisif. Leur rôle ne diffère de celui des batteries divisionnaires qu'en ce que ces dernières ont moins d'indépendance et doivent subordonner leurs mouvements à ceux de leur division.

Tant que l'artillerie agit à proximité des autres troupes, et c'est le cas le plus fréquent dans les combats d'infanterie, il n'est pas nécessaire de faire accompagner les batteries par des escortes spécialement chargées de les soutenir.

C'est aux troupes placées dans le voisinage des pièces qu'incombe le devoir de les défendre contre une attaque rapprochée.

---

ne pouvant être utilisées que dans des cas spéciaux, sont, au contraire, tenues en réserve pour être employées au moment convenable

Mais si, dans certains cas, une ou plusieurs batteries sont appelées à opérer assez loin des divisions, il est indispensable de les faire escorter par une troupe de soutien, composée soit d'infanterie, soit plutôt de cavalerie. L'importance numérique de pareils détachements dépend des circonstances où l'on se trouve et de l'objet que l'on a en vue. La place des escortes relativement aux batteries qu'elles ont mission de protéger ne saurait être exactement fixée. En marche, elles éclaireront le terrain dans les diverses directions. Pendant le tir, elles devront se tenir, en général, en dehors du flanc le plus exposé, à 300 mètres environ en avant des pièces, s'il s'agit d'une troupe d'infanterie; à la même distance en arrière, si l'escorte est composée de cavalerie.

Batteries à cheval attachées aux divisions de cavalerie. — Trois batteries à cheval sont affectées à chaque division de cavalerie indépendante, composée de trois brigades à deux régiments. Ces batteries sont placées sous le commandement d'un officier supérieur qui reçoit directement les ordres du général de division.

Contrairement au principe qui régit l'emploi des batteries montées attachées aux divisions d'infanterie, ces batteries à cheval devront être fréquemment réparties entre les brigades. Cette disposition résulte du rôle attribué aux divisions de cavalerie qui, pour éclairer l'armée, sont obligées de se développer sur un très-grand front.

Dans tous les cas, il faut éviter de fractionner

la batterie à cheval qui a été affectée à une brigade ; l'emploi de sections isolées doit être exceptionnel et toujours de très-courte durée. En disséminant les pièces, on arriverait à annuler presque complétement les effets de l'artillerie.

L'artillerie à cheval qui opère avec la cavalerie doit, comme celle-ci, agir rapidement et à l'improviste. Dans ce but, elle marche souvent sans ses caissons. Sa place habituelle est sur l'un des flancs, de manière que les mouvements des escadrons ne soient pas contrariés.

Chaque batterie est toujours accompagnée d'une escorte. Privée de ce soutien spécial, l'artillerie à cheval serait exposée à des surprises, en raison de la grande étendue de terrain qu'occupent les troupes de cavalerie, et de leurs fréquents changements de position.

L'officier commandant une batterie à cheval détachée pour le service d'une brigade de cavalerie reçoit directement les ordres du général de brigade. Il aura soin de ne jamais gêner l'impulsion de la cavalerie. Il évitera d'intervenir toutes les fois que celle-ci, agissant seule et par surprise, semblera devoir atteindre le but qu'elle recherche.

Dans les autres cas, les batteries à cheval prépareront l'attaque en se plaçant à bonne distance de l'ennemi. Elles prendront pour objectif ses troupes plutôt que ses bouches à feu, à moins que le tir de celles-ci n'oppose un obstacle trop sérieux aux mouvements de la cavalerie.

Au moment où la mêlée se produira, le feu sera dirigé sur les batteries de l'adversaire ou sur ses réserves. La position des pièces aura dû être choisie de manière à les mettre, autant que possible, à l'abri des brusques mouvements de troupes qui peuvent résulter du combat.

Lorsque, dans la prévision d'un engagement général, ou pour tout autre motif, les divisions de cavalerie réunissent leurs éléments, les batteries à cheval marchent groupées comme dans les divisions d'infanterie. Au moment du combat, on adjoindra parfois ces batteries à celles de l'artillerie de corps.

<h3 style="text-align:center">ARTICLE 3.</h3>

Combats défensifs.

L'artillerie agissant de concert avec des troupes qui se tiennent sur la défensive n'est pas employée de la même manière que dans l'attaque. Les batteries doivent alors ne faire que peu de mouvements. Leur véritable rôle consiste à occuper à l'avance des positions que l'on a préalablement reconnues avec soin, et où il paraît avantageux de s'établir pour contrarier les entreprises probables de l'ennemi. On utilisera les couverts naturels, et, si l'on dispose d'un temps suffisant, on construira dans la plupart des cas des abris artificiels.

L'étude du terrain que commandent les positions choisies doit être faite le plus en avant possible, de telle sorte que l'on connaisse avec précision la distance de tous les points remarquables : on se ménage ainsi la facilité d'ouvrir de très-loin un feu efficace [1].

---

[1] Lorsque, par exception, des bouches à feu sont at-

Selon toute probabilité, ces premiers coups seront dirigés contre les batteries ennemies qui chercheront à préparer l'entrée en ligne des autres troupes ; mais à mesure que l'assaillant, déployant ses forces, montrera ses têtes de colonne, c'est sur elles que le feu devra se concentrer.

On aura dû d'ailleurs faire occuper par l'artillerie toutes les positions qui commandent les débouchés probables de l'ennemi et qui permettent d'enfiler les routes par où il devra passer. Des batteries de canons à balles convenablement postées pourront, dans ces circonstances, rendre de grands services.

Si, l'assaillant ayant été repoussé, l'ordre était donné de le poursuivre, les chances de succès seraient d'autant plus sérieuses que l'on aurait mieux reconnu le terrain en avant des positions primitives.

Contrairement à un principe recommandé pour le cas où l'on attaque, on doit, lorsqu'on est obligé de se tenir sur la défensive, conserver en réserve un certain nombre de batteries. Il règne toujours quelque incertitude sur le point où l'ennemi portera son principal effort : il faut donc se ménager des ressources pour parer à toute éventualité.

---

tachées à des troupes d'avant-poste, on doit prendre à leur égard les précautions indiquées pour le cas où l'on occupe une position défensive. L'officier qui commande cette artillerie, toujours peu nombreuse, doit exercer une surveillance particulière sur son détachement et se tenir prêt à entrer en ligne au premier signal ; il évite de s'engager trop légèrement pour ne pas donner l'alarme inutilement aux troupes placées en arrière.

Le nombre des batteries à conserver en réserve est fixé par le général en chef, selon l'objet qu'il a en vue, et d'après les renseignements qu'il possède sur la force de l'ennemi. Le plus souvent, on mettra d'abord en position les batteries divisionnaires, gardant en réserve tout ou partie de l'artillerie de corps et de préférence les batteries les plus mobiles.

Les communications entre les emplacements assignés provisoirement aux batteries de réserve, et ceux où l'on prévoit qu'elles pourront ultérieurement venir prendre position, seront toujours parfaitement reconnues à l'avance.

Si l'on est contraint de battre en retraite, les batteries divisionnaires resteront, en général, à proximité des troupes engagées ; elles s'efforceront de conserver leurs positions le plus longtemps possible, pendant que l'artillerie de corps ira occuper sur la ligne de retraite des emplacements reconnus à l'avance, d'où elle puisse protéger les mouvements rétrogrades des troupes, ainsi que ceux des batteries divisionnaires.

Si, pendant la retraite, l'occasion se présente pour l'infanterie ou la cavalerie d'exécuter quelque retour offensif, l'artillerie, profitant de ses longues portées, l'appuiera sans changer de position.

Les mouvements rétrogades ont lieu par échelons, afin que le feu ne soit pas interrompu.

Dès que le mouvement de retraite a été décidé par le commandement supérieur, les commandants de l'artillerie doivent provoquer des ordres pour que des troupes de soutien soient attachées aux batteries, particulièrement aux batteries divisionnaires, qui se retirent en dernier lieu. L'artillerie n'en doit pas moins être protégée par les troupes à côté desquelles elle combat ; son devoir est de tenir aussi longtemps que possible, et, quoi qu'il arrive, de ne se retirer qu'à la dernière extrémité.

Si l'on était réduit à abandonner son matériel, il faudrait démonter les mécanismes de fermeture pour les emporter, les cacher ou les démolir, disloquer les appareils de pointage, noyer ou brûler les charges ; disperser ou cacher les armements que l'on ne pourrait garder avec soi, scier les rais et les timons, etc., en un mot, on s'efforcerait de ne laisser à l'ennemi qu'un matériel inutilisable.

ARTICLE 4.

Engagements particuliers.

Pendant le cours d'un combat, l'artillerie est appelée à prendre part à des luttes partielles qui s'engagent pour la possession de points spéciaux de la ligne de bataille, tels que des villages, des châteaux, des fermes, des enclos ou des bois. Tels sont encore les postes retranchés armés de canons, les défilés, les ponts, etc.

Villages, châteaux, fermes, enclos, bois. — Quand il s'agit d'une attaque, les batteries choisissent leurs emplacements d'après la nature du terrain, autant que possible sur les côtés de la ligne qui mène à la position. Elles commencent par contre-battre l'artillerie ennemie pour faciliter le mouvement en avant de l'infanterie, et se rapprochent en même temps que cette dernière, restant en dehors de la bonne portée du fusil, c'est-à-dire à 1,200 mètres environ ; les canons tirent sur les abords et la lisière de la position, et préparent l'assaut en détruisant les obstacles de toute nature, portes, clôtures, barricades, etc.

Si l'attaque paraît réussir, les batteries se portent résolûment en avant sur le flanc de l'ennemi pour tirer de près contre ses pièces, accabler ses réserves et lui couper la retraite.

Lorsque l'artillerie a reçu la mission d'aider une troupe d'infanterie à se maintenir dans un village, un château, etc., elle doit s'établir en dehors de la position, sur les flancs et à quelques centaines de mètres en arrière ; l'emplacement des batteries est choisi de manière à commander le terrain des attaques et à flanquer les abords de la position.

Tant que les pièces de l'ennemi sont seules visibles, c'est sur elles que le feu est dirigé, mais on prend pour objectif les colonnes d'infanterie dès qu'il devient possible de les distinguer.

Si les troupes qui défendent la position étaient obligées de l'évacuer, l'artillerie aurait à protéger leur retraite, à empêcher l'ennemi de s'établir sur le terrain conquis, et à préparer au besoin un retour offensif.

Attaque et défense des postes retranchés. — On entend par postes retranchés les positions naturelles ou artificielles, d'une étendue plus ou moins considérable, qui ont été organisées avec un soin particulier au moyen de mouvements de terre et de défenses accessoires. De telles positions sont, en général, pourvues d'artillerie. Une armée qui se tient sur la défensive et qui dispose d'un temps suffisant organise ordinairement quelques-uns de ces ouvrages en avant de son front.

Pour attaquer un poste retranché, il faut en avoir préalablement reconnu la position, la nature, le développement et les moyens de résistance. On dirige l'attaque contre les points qui semblent les plus faibles; ce sont presque toujours les saillants. On emploie les pièces du plus fort calibre, ayant soin de se maintenir à plus de 1,000 mètres tant que le feu de mousqueterie de l'ennemi est trop intense. On recherche, pour y placer les pièces, des points où elles soient couvertes par le terrain, et l'on construit, s'il est possible, des abris pour le matériel et les servants.

Presque toujours l'artillerie devra faire une brèche. Si c'est un mur qu'il s'agit de renverser, on tire de manière à en couper le pied. Si c'est un ouvrage en terre, on tire dans la partie moyenne du parapet.

Au moment de l'assaut, l'artillerie cesse de tirer; parfois elle dirige son feu sur quelque autre point du champ de bataille, mais sans cesser de surveiller attentivement l'attaque décisive, de manière à pouvoir la soutenir énergiquement si elle venait à être repoussée.

Lorsqu'on a à défendre un poste retranché, on doit commencer par faire une reconnaissance exacte de l'enceinte.

Les parties faibles sont renforcées au moyen de défenses accessoires. Les pièces dont on dispose sont établies de manière que les unes commandent le terrain des attaques et que les autres flanquent les abords de la position.

La défense sera grandement facilitée si l'on a reconnu avec soin le terrain extérieur et mesuré la distance de tous les points remarquables.

L'organisation intérieure du retranchement sera l'objet de soins attentifs; on installera des abris pour le personnel et le matériel, et l'on préparera des barricades pour prolonger la lutte, si l'ennemi venait à forcer la première enceinte.

Si l'on est réduit à évacuer le poste, on se retirera lentement vers un point désigné d'avance; l'artillerie qu'on aura pu emmener couvrira la retraite.

Combats de défilé. — On ne cherche à passer de vive force un défilé d'une certaine longueur que s'il est impossible de le tourner. Une telle opération est, presque toujours, assez importante pour que le commandant en chef des troupes en prenne lui-même la direction.

On ne peut donner que des renseignements généraux sur l'emploi de l'artillerie dans ces circonstances.

En principe, le défenseur est placé en arrière du défilé.

L'occupation des positions en avant présenterait en effet de grands dangers en cas de retraite. Si cependant des considérations spéciales obligeaient une armée à combattre avec un défilé à dos, la meilleure chance de succès consisterait à renforcer la position par des retranchements armés d'artillerie.

Dans le cas le plus ordinaire, c'est-à-dire lorsque le défenseur est posté en arrière d'un défilé, il dispose ses batteries de manière à en commander le débouché.

Quant à l'assaillant, il devra, généralement, faire passer, derrière une colonne d'infanterie, des batteries qui se déploieront vivement à la sortie du défilé et ouvriront le feu sans retard. Ces batteries laisseront en arrière non-seulement leurs réserves, mais aussi les deux caissons qu'elles emmènent habituellement au combat.

Passage de rivière. — Un pont sur une rivière est un défilé de nature spéciale.

Quand le pont qu'il s'agit de franchir est jeté par l'armée assaillante, l'opération se trouve facilitée par le choix judicieux du point de passage.

On recherche sur la rive de départ des positions où l'on puisse installer des batteries destinées à commander les débouchés par où l'adversaire fera arriver ses troupes, et à contre-battre l'artillerie qui les accompagne.

RÉSUMÉ.

L'artillerie devant couvrir les mouvements préparatoires et commencer les attaques, la place des batteries de campagne dans l'ordre de marche est à proximité des troupes qui, selon les prévisions, engageront le combat.

Les grands effets ne pouvant être obtenus que par la concentration des feux, on évitera de scinder les groupes naturels que forment l'artillerie divisionnaire et l'artillerie de corps. Toutefois, dans les divisions de cavalerie indépendantes, on attribuera le plus souvent une batterie à chaque brigade.

Dans l'offensive, on ne gardera que rarement des batteries en réserve; si le tir est conduit avec sagesse et si les sections de munitions fonctionnent régulièrement, on pourra continuer le feu pendant un temps suffisamment long.

Le commandant de l'artillerie accompagne le commandant des troupes, auquel il appartient de déterminer le rôle des différentes batteries.

Toute mise en batterie est précédée de la reconnaissance du terrain par le commandant de l'artillerie qui donne, sur les lieux et avant l'arrivée des pièces, les instructions nécessaires aux capitaines commandants.

Chaque capitaine ne fait avancer sa batterie qu'après avoir apprécié la distance du but et reconnu l'emplacement des pièces, ainsi que la position des troupes voisines.

Le feu ne sera généralement pas ouvert à plus de 2,500 mètres.

Les premiers coups seront presque toujours dirigés contre l'artillerie, mais on tirera sur l'infanterie et la cavalerie dès qu'on pourra le faire avec chance de succès.

Les batteries, surtout celles qui sont attachées aux divisions, ne doivent pas rester trop éloignées des autres troupes; on évitera toutefois des déplacements de moins de 500 mètres. Tout changement de position est ordonné par le commandant de l'artillerie.

En principe, l'artillerie dans un combat offensif n'est pas accompagnée d'escortes permanentes; les pièces sont protégées par les troupes qui combattent dans leur voisinage.

Si, dans certaines circonstances particulières, les batteries avaient besoin d'être escortées, les détachements nécessaires seraient demandés par le commandant de l'artillerie.

Dans la défensive, on devra reconnaître avec soin les positions et leurs alentours, profiter de tous les abris naturels et construire des épaulements.

Quelques batteries seront tenues en réserve pour renforcer les points faibles; ce seront de préférence les batteries les plus mobiles de l'artillerie de corps.

Il sera généralement possible d'ouvrir le feu de plus loin que dans l'offensive. On contre-battra d'abord l'artillerie; mais, dès que le mouvement d'attaque sera prononcé, on dirigera le tir sur les troupes.

Si l'ennemi se rapproche, les batteries redoubleront d'énergie. Elles ne se retireront que par ordre et au pas, en formant des échelons successifs.

———

NOTE

SUR L'ÉVALUATION DES DISTANCES

EN CAMPAGNE.

L'évaluation des distances en campagne peut être obtenue par diverses méthodes :

1° A vue ;

2° Au moyen de cartes topographiques ;

3° A l'aide d'instruments spéciaux ;

4° Par la propagation du son.

Évaluation des distances à vue. — Dans des conditions favorables à l'observation, une grande habitude permet d'apprécier immédiatement et d'une manière assez exacte la distance d'un objet éloigné de moins de 5oo mètres. Au delà de cette limite, l'état variable de l'atmosphère ainsi que la forme et la nature du terrain exposent les observateurs les plus exercés à commettre des erreurs considérables.

Si l'on est obligé de recourir à l'appréciation directe des distances, on peut s'aider des renseignements suivants :

Par un temps ordinaire, une bonne vue permet :

1° De compter les fenêtres d'une maison à. . . . . 4,000 mètres ;

2° D'apercevoir les hommes et les chevaux à. 2,000 mètres ;

3° De distinguer nettement les
hommes et les chevaux à.........   1,200 mètres;

4° De voir les mouvements des
hommes à ....   800 mètres;

5° De distinguer la tête et la
coiffure d'un homme à..........   500 mètres;

6° De voir les figures à ......   300 mètres.

Les objets paraissent toujours trop rapprochés
quand on les voit nettement ou quand ils se déta-
chent sur un fond clair. C'est ce qui arrive lorsque
l'observateur a le soleil à dos, ou lorsque l'air est particulièrement transparent, comme après la pluie. On
estime encore les distances au-dessous de leur
valeur réelle quand on se trouve sur un terrain
d'aspect uniforme, dépourvu de points remarquables pouvant servir de repères.

Inversement, les objets paraissent trop éloignés
lorsqu'ils sont mal éclairés ou peu distincts. C'est
ce qui a lieu quand on a le soleil en face et aussi
quand le temps est sombre ou brumeux. On est
encore exposé à trouver les distances plus petites
qu'elles ne le sont en réalité, quand le sol est mouve-
menté, coupé de ravins ou couvert d'arbres et
d'habitations.

Évaluation des distances au moyen des cartes. —
On peut, dans certains cas, apprécier les distances
avec assez d'exactitude, quand on dispose d'une
bonne carte topographique à grande échelle. Pour
que ce procédé soit applicable, il faut que l'observateur ait pu marquer sur sa carte : 1° le point
dont il veut mesurer l'éloignement ; 2° le point

où il se trouve lui-même. La première condition exige que l'objet dont on recherche la distance soit placé près d'une partie du terrain nettement figurée sur la carte (croisement de routes, bois, maison, sommet, etc.).

Quant à sa propre position, l'observateur est presque toujours maître de la choisir dans le voisinage d'un point reconnaissable; il peut d'ailleurs, s'il le juge utile, déterminer sur la carte l'emplacement exact de la station qu'il occupe, en faisant usage de la boussole de batterie.

Évaluation des distances à l'aide d'instruments spéciaux. — Les plus simples de ces instruments sont les stadias et les lunettes micrométriques à fils ou à double image, qui permettent d'obtenir la distance inconnue par l'observation de la hauteur apparente d'un homme à pied ou à cheval, placé dans le voisinage du point dont on recherche l'éloignement. Ces appareils sont insuffisants pour le service de l'artillerie en campagne; aucun d'eux ne permet d'évaluer les distances supérieures à 1,5oo mètres, et les résultats de l'observation sont toujours fort incertains.

On a imaginé depuis une quinzaine d'années un grand nombre d'instruments destinés à mesurer les distances en campagne. Tous ont pour objet la résolution rapide d'un triangle rectangle dont un des côtés de l'angle droit est la distance à mesurer, et dont l'autre est une base de longueur connue.

Les plus remarquables de ces appareils sont : le *télomètre à prismes* du colonel Goulier, le *télémètre de poche* du commandant Gautier, les *télémètres* de Nolan, de Stubendorff, de Paschwitz, de Gastaldi, de Plebani, etc.

Le télémètre Goulier et le télémètre Gautier sont seuls en usage dans l'artillerie française; ils permettent l'un et l'autre d'évaluer rapidement et avec une précision suffisante des distances qui dépassent 4,000 mètres.

Chaque batterie de campagne est pourvue d'un télomètre Goulier qui est transporté dans la caisse aux instruments. Il se compose de deux parties distinctes qui sont tenues à la main par deux observateurs différents occupant les deux extrémités d'une base, soit de 20 mètres, soit de 40 mètres, suivant la grandeur des distances à mesurer.

Le temps nécessaire pour faire une seule observation est de deux à trois minutes; mais celle-ci étant terminée, on peut, en trois minutes, en recommencer dix autres toutes indépendantes. L'erreur probable dans l'évaluation, par observation unique, des distances qui ne dépassent pas 4,000 mètres, est sensiblement égale à 1 1/2 p. o/o de la distance. En prenant la moyenne de dix visées consécutives, on réduirait l'erreur probable à $\frac{1}{200}$.

Le télémètre de poche du commandant Gautier est plus portatif que le télomètre Goulier, et n'exige qu'un seul observateur; mais le maniement en est assez délicat, et la base, de longueur variable, doit être mesurée à chaque opération. Un observateur très-exercé obtient en trois minutes avec le télémètre Gautier des résultats analogues à ceux que fournit le télomètre Goulier, à condition que la base ait été mesurée exactement. Si la base a été mesurée au pas, l'incertitude qui en résulte sur sa valeur exacte se reproduit dans l'évaluation de la distance. Tout officier doit d'ailleurs connaître la longueur de son pas. Il est également bon qu'il en connaisse la vitesse.

Évaluation des distances par la propagation du son. — La vitesse de propagation du son peut aussi servir à apprécier les distances. On observe avec un compteur le nombre de secondes et fractions de seconde qui s'écoulent entre le moment où l'on voit l'éclair d'un coup de canon et l'instant où l'on entend le bruit de la détonation. Ce nombre, multiplié par 340 mètres, valeur de la vitesse du son en une seconde, aux températures moyennes, fait connaître à l'observateur l'éloignement du canon.

Ce mode d'appréciation des distances est simple et rapide ; mais pour qu'il soit utilisable, il est nécessaire que l'ennemi fasse feu et qu'il soit possible d'observer distinctement la flamme et le bruit d'un même coup de canon.

Le *télémètre de batterie* de M. Le Boulengé, major de l'artillerie belge, est un véritable compteur. Dans cet appareil, le temps est mesuré par le déplacement d'un index métallique tombant d'un mouvement à peu près uniforme dans un tube vertical fermé et rempli de liquide.

A défaut de compteur, on peut, avec de l'habitude, se servir d'une montre ordinaire en l'appliquant près de l'oreille et comptant le nombre des mouvements du balancier pendant le temps qui s'écoule entre le moment où l'on a vu la flamme d'une explosion et celui où le bruit est entendu. Chaque mouvement du balancier d'une montre correspond à très-peu près à un cinquième de seconde, soit 68 mètres.

On peut encore apprécier la durée d'une seconde en prononçant vivement, mais à haute et intelligible voix, les noms des six premiers chiffres : un, deux, trois, quatre, cinq, six. Chaque sixième de seconde correspond à une distance de 57 mètres.

NOTE

SUR LES PROCÉDÉS À EMPLOYER POUR RÉGLER LE TIR DES BOUCHES À FEU DE CAMPAGNE.

Régler le tir d'une batterie, c'est déterminer la hausse à employer pour que les projectiles lancés [1]

---

[1] Les projectiles lancés dans des conditions identiques ne tombent pas tous au même point. La connaissance des *écarts probables* en direction et en portée, écarts qui figurent dans les tables de tir, permet de se rendre compte de la *dispersion*, c'est-à-dire de la répartition sur le sol des divers coups tirés avec une même hausse.

Les lois de la dispersion sont habituellement représentées graphiquement par la figure ci-contre, qui se compose d'une série de rectangles dont le centre com-

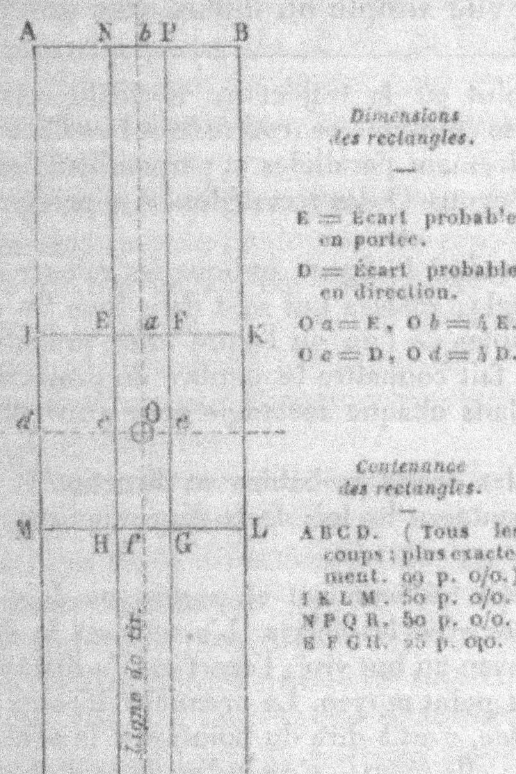

par les différentes pièces viennent se grouper autour du but à battre, de manière à produire le plus grand effet possible.

On y parvient en observant les points de chute d'un certain nombre d'obus, et en corrigeant méthodiquement les hausses successivement employées dans ce tir d'essai.

L'observation des points de chute a pour objet de fournir des renseignements sur le sens et la grandeur des erreurs [1] en direction et en portée : elle se fait à la vue simple ou mieux avec une ju-

---

mun O est le point où la trajectoire normale correspondant à la hausse employée rencontre le sol et dont les côtés sont respectivement parallèles et perpendiculaires à la ligne de tir. Le centre O des rectangles est appelé *point moyen*.

La légende annexée à la figure indique les valeurs des côtés de ce rectangle, valeurs qui sont dans tous les cas des multiples simples de l'un ou l'autre écart probable. La même légende fait connaître le nombre de projectiles qui tomberaient dans chaque rectangle pour 100 coups tirés.

En combinant les écarts probables en direction et en hauteur, on représenterait les lois de la dispersion sur un plan vertical.

[1] Les erreurs (en direction et en portée) ne doivent pas être confondues avec les écarts. L'erreur est la distance du point moyen au but visé ; l'écart est la distance du point atteint au point moyen. La première dépend de l'emploi de la pièce, c'est-à-dire du pointage ; le second dépend de la pièce elle-même, c'est-à-dire de sa justesse. Quand on ne tire qu'un coup, le point atteint est le point moyen et l'erreur est la distance de ce point au but visé.

melle. On peut aussi, dans certains cas se servir de la longue-vue de batterie.

Les corrections méthodiques apportées à la valeur des hausses ont pour objet de diminuer, autant que cela peut se faire, la grandeur des erreurs en direction et en portée, et d'amener le point moyen dans le voisinage du but.

Quand les projectiles sont armés de fusées percutantes, comme le sont actuellement tous ceux de l'artillerie française, la flamme et la fumée produites par l'explosion sont les meilleures indications du point de chute. Si le projectile n'éclate pas, le nuage de terre qu'il soulève en tombant remplace, dans une certaine mesure, la fumée de l'explosion.

L'erreur en direction est en général très-faible; on en apprécie facilement le sens et la grandeur en se plaçant en arrière de la pièce, un peu en dehors de la ligne de tir, du côté d'où vient le vent, pour ne pas être gêné par la fumée. Le soin d'observer les erreurs en direction revient aux chefs de section et de pièce.

Pour apprécier le sens et la grandeur des erreurs en portée, il faut être placé suffisamment en dehors de la direction du tir, en un point d'où l'on puisse apercevoir le but et une portion aussi grande que possible du terrain environnant.

Si l'on admet que le tir soit à peu près en direction, ce qui est le cas ordinaire, un observateur placé à droite de la batterie verra tomber les coups trop courts à gauche du but et les coups trop longs à droite du but.

L'inverse aurait lieu si l'observateur était placé à gauche de la batterie.

Lorsqu'on peut apercevoir une zone de terrain suffisamment étendue en avant et en arrière du but, on arrive aisément à reconnaître avec certitude le sens des erreurs en portée; quant à leur grandeur, il est le plus souvent impossible d'en apprécier la valeur.

La position de la fumée de l'explosion par rapport au but peut aussi fournir des renseignements utiles sur le sens des erreurs en portée. Si la fumée cache le but en totalité ou en partie, le coup est court; si c'est l'inverse, le coup est long.

Sur un champ de bataille, les coups trop courts sont presque toujours les seuls que l'on puisse apercevoir; car, en raison du soin que l'ennemi met à se dissimuler, la zone de terrain qui se trouve immédiatement en arrière de lui est très-souvent à l'abri des vues directes.

L'observation des erreurs en portée est faite, en principe, par les capitaines commandants.

Les coups d'essai sont tirés avec des obus ordinaires. Tous sont dirigés sur un même point du but désigné par le capitaine. On emploie pour le tir d'essai une seule pièce ou plusieurs pièces, selon les circonstances. Il est ordinairement préférable, pour la facilité de l'observation, que le premier coup soit trop court; à cet effet, on le fait pointer avec une hausse inférieure à celle qui correspond à la distance supposée du but [1].

---

[1] Pour commencer le tir d'essai, on pourra diminuer

Les chefs de section font donner la dérive; eux seuls sont chargés de corriger les erreurs en direction pendant toute la durée du tir; pour y arriver, ils se conforment aux prescriptions de l'article 91 du règlement sur le service des canons de 5 et de 7 [1].

« Si un coup porte à droite ou à gauche du but, « le chef de section fait corriger la dérive en opérant « de la manière suivante : la pièce étant ramenée à « sa position, la pointer comme pour le coup précé-« dent; faire glisser la planchette, sans déplacer la « pièce, de manière à viser dans la direction du « point de chute, et pointer de nouveau sur le but « en employant la dérive ainsi obtenue. Cette dé-« rive corrigera l'erreur en direction. »

On ne fait la correction que si elle atteint 1/2 millimètre.

Le capitaine seul prescrit les corrections relatives à l'erreur en portée. Si, conformément aux prévisions, le premier coup est court, il fait tirer un deuxième, puis un troisième, etc., projectile, en augmentant chaque fois la hausse d'une même quantité [2].

---

de 100 mètres environ les distances inférieures à 2,000 mètres, de 200 mètres environ les distances supérieures à 2,000 mètres.

[1] Règlement en date du 19 février 1875.

[2] Quantité correspondant à 200 mètres, si la distance appréciée est inférieure à 2,000 mètres; à 400 mètres, si cette distance est supérieure à 2,000 mètres.

Dès qu'en opérant ainsi, le capitaine a obtenu un coup trop long, il fait tirer le coup suivant avec une hausse égale à la moyenne des hausses des deux derniers coups. On continue dès lors le tir d'essai en prenant pour hausse, à chaque coup nouveau, la moyenne des hausses qui ont donné antérieurement le coup trop long et le coup trop court le plus rapprochés l'un de l'autre. En opérant de cette manière, on arrive rapidement à trouver deux hausses différant de 50 mètres et correspondant l'une à un coup trop long, l'autre à un coup trop court. — Le capitaine indique cette dernière à toutes les pièces, assigne à chaque section une portion déterminée du but et fait commencer le tir d'ensemble [1]. Les chefs de section et de pièce modifient, s'il y a lieu, la hausse donnée, conformément aux renseignements fournis par les carnets de bouche à feu.

Si, contrairement aux prévisions, le premier coup d'essai est trop long, on diminue progressivement la hausse des coups suivants au lieu de l'augmenter, jusqu'à ce qu'on ait obtenu un coup trop

---

[1] Exemple de tir d'essai.

Distance supposée du but : 1,740 mètres.

Le 1er coup tiré à 1,650 mètres est court.

Le 2e coup tiré à 1,850 mètres est long.

Le 3e coup tiré à 1,750 mètres est long.

Le 4e coup tiré à 1,700 mètres est court.

On commencera le tir d'ensemble en pointant toutes les pièces à 1,700 mètres.

court. A partir de là, le tir d'essai est continué comme dans le premier cas.

Pendant la première période du tir d'ensemble (12 coups environ), le capitaine n'apporte aucune modification à la hausse. Il doit, avant d'ordonner une correction, se rendre compte de la manière dont les projectiles lancés par ses pièces sont disposés autour du but. A cet effet, il continue à observer les points de chute. Suivant que le nombre des coups trop courts est supérieur, égal ou inférieur à celui des coups trop longs, il reconnaît que le centre de groupement se trouve approximativement [1] en avant du but, à hauteur du but ou en arrière du but.

Dans la plupart des cas qui se présentent en campagne, il convient que le centre du groupement des projectiles soit placé à quelques mètres en avant du front de l'ennemi. Ce résultat est obtenu approximativement [1] quand, sur un certain nombre de coups consécutifs, un peu plus de la moitié sont trop courts. Si cette proportion a été atteinte pendant la première période du tir d'ensemble, on continue le feu sans modifier la hausse; si elle n'a pas été atteinte, on recommence une nouvelle série de coups, après avoir augmenté ou diminué, selon le cas, la première hausse, soit de 1/2 millimètre, soit de 1 millimètre ou même plus, suivant les conditions du tir et l'importance de la rectifica-

---

[1] Le résultat est seulement approximatif, parce que les lois de la dispersion ne sont rigoureusement applicables que si le nombre de coups tirés est très-grand.

tion. Une seule correction suffira, le plus souvent, si le tir d'essai a été conduit régulièrement; on modifiera, d'ailleurs, s'il y a lieu, la hausse après la seconde période du tir d'ensemble [1], comme on l'a fait après la première.

Lorsque, par suite des circonstances, il paraît nécessaire de grouper les coups plus ou moins en avant ou en arrière du but, on y parvient en employant des procédés analogues à ceux qui viennent d'être décrits. Le tir d'essai ayant été exécuté comme on l'a indiqué précédemment et le nombre des coups trop courts de la première période du tir d'ensemble ayant permis de reconnaître la position approximative du point moyen, en allonge ou on raccourcit le tir de la quantité que l'on juge convenable. Les tables de tir fournissent tous les éléments nécessaires pour la correction des hausses.

On vérifie l'exactitude des résultats obtenus par l'observation des coups trop longs et des coups trop courts, dont les nombres, dans chaque cas particulier, doivent être entre eux dans un certain rap-

---

[1] Exemple de correction du tir d'ensemble.

1re période.

Hausse donnée par le tir d'essai : 1,700 mètres.
Sur 12 coups tirés : 10 sont courts, 2 sont longs.

2e période.

On augmente de 1/2 millimètre la hausse de 1,700 mètres.
Sur 12 coups tirés : 8 sont courts, 4 sont longs.
Le tir est réglé.

port, qui dépend des lois de la dispersion. On tiendra principalement compte de la remarque suivante : lorsque le but et le point moyen coïncident, si l'on reporte ce dernier en avant ou en arrière d'une quantité égale à l'écart probable, on transforme en coups trop longs ou trop courts, par rapport au but, un quart des coups qui constituent la gerbe de dispersion.

Les indications qui précèdent correspondent au cas d'un but immobile; si ce but venait à se déplacer, le tir d'essai serait toujours exécuté de la même manière. Quant au tir d'ensemble, on le diviserait en périodes comprenant chacune un certain nombre de coups tirés avec la même hausse.

Après chaque période, on allongerait ou l'on raccourcirait le tir d'une quantité qui dépendra, dans chaque cas particulier, du rapport existant entre le nombre des coups trop longs et celui des coups trop courts de la période précédente et du résultat que l'on se propose d'obtenir.

TABLE DES MATIÈRES.

CHAPITRE III.

Service sur le champ de bataille.

CHAPITRE IV.

Emploi de l'artillerie avec les autres armes.